alleine lesen

Ich kann schon alleine lesen

Martina Baumbach

Alles dreht sich um Felix

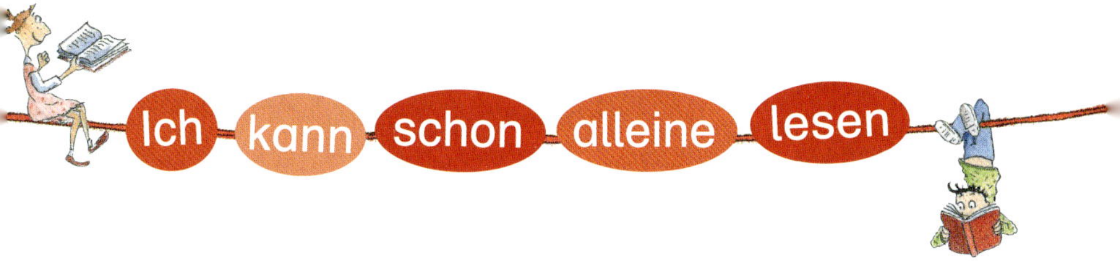

Alles dreht sich um Felix

Martina Baumbach

Mit Illustrationen von
Susanne Schulte

cbj

cbj ist der Kinder- und Jugendbuchverlag
in der Verlagsgruppe Random House

MIX
Papier aus verantwortungsvollen Quellen
FSC® C084279
FSC
www.fsc.org

Verlagsgruppe Random House FSC-DEU-0100
Das FSC®-zertifizierte Papier *Eurobulk* von Sappi
für dieses Buch liefert IGEPA.

Gesetzt nach den Regeln der Rechtschreibreform

1. Auflage 2011

Umschlagbild und Innenillustrationen: Susanne Schulte
Illustration Serienlogo: Ute Krause
Umschlagkonzeption und Innenlayout: Anette Beckmann, Berlin
Lektorat: Hjördis Fremgen
Herstellung: René Fink
Satz: dtp im Verlag
Reproduktion: Lorenz & Zeller, Inning am Ammersee
Gesamtherstellung: Print Consult, München
ISBN: 978-3-570-15298-0
Printed in Czech Republik

www.cbj-verlag.de

Inhalt

Schrei-Alarm!

Seit Wochen dreht sich alles um Felix. Felix wird immer und ewig herumgetragen und Merle muss selber laufen. Felix darf schreien wie am Spieß und Merle muss leise sein. Felix darf morgens ausschlafen, wenn Merle schon in die Schule muss. Felix wird sogar gelobt, wenn er nach dem Essen rülpst. Wenn Merle mal rülpst, wirft Papa ihr sofort einen strengen Blick zu.

Merle hat nämlich einen kleinen Bruder bekommen. Das heißt, Mama und Papa haben ihn bekommen, denn Merle will ihn überhaupt nicht haben. Nicht mal richtig

spielen kann man mit ihm, weil er noch so klein ist.
Als Felix noch in Mamas dickem, rundem Bauch war und Merle ihm in den Bauch hinein vorgesungen hat, da war es wunderbar gewesen, einen kleinen Bruder zu haben. Aber jetzt würde sie ihn am liebsten zurückgeben. Doch so etwas geht wohl nicht – und wohin sollte sie ihn auch geben …

Mama steht am Spielplatz-Zaun und schuckelt den Kinderwagen mit Felix hin und her. Sie winkt Merle. Merle winkt zurück, holt kräftig Schwung und schaukelt noch höher. Soll Mama nur sehen, wie mutig sie ist. Fast berührt Merle mit den Zehen die Äste der Bäume

neben der Schaukel. Wenn sie sich noch ein oder zwei Mal mit voller Kraft anschubst, hat sie es geschafft.
„Merle, kommst du bitte!“, ruft Mama.
„Wir müssen nach Hause gehen, Felix ist hungrig.“

Nicht jetzt!, denkt Merle, wo sie doch bis zu den Wolken fliegen will. Felix kann sicher noch ein kleines bisschen warten. Merle spürt den Wind in ihren Haaren und wie sie ihr beim Zurückschaukeln wild ins Gesicht wehen. Wenn Merle jetzt springen würde, könnte sie bestimmt hoch in den Himmel fliegen. Höher und immer höher. Von so weit oben würde sie Mama und Felix nur noch als kleine Punkte sehen. Merle könnte ein paar Kreise über dem winzigen Spielplatz fliegen und …

„Merle, komm jetzt bitte!“, ruft Mama wieder.

Diesmal fuchtelt sie dazu mit den Armen in der Luft herum. Wie ein Verkehrspolizist sieht sie aus.

„Ich komm ja schon“, brummt Merle. Felix’ Hunger ist nicht mehr zu überhören. Da merkt Merle, dass ihr eigener Bauch sich eigentlich auch ziemlich leer anfühlt … Außerdem tut ihr Felix leid, weil er ja noch nicht weiß, dass es zu Hause gleich etwas zu essen gibt.

Merle saust noch einmal mit der Schaukel durch die Luft, wartet den richtigen Moment ab und springt dann im hohen Bogen herunter.
Zu dritt gehen sie nach Hause. Das heißt: Felix geht nicht, denn er wird ja im Kinderwagen geschoben. Er liegt gemütlich da, nuckelt an seiner Teeflasche und sieht ziemlich zufrieden aus – als wäre aller Hunger verflogen.
Da könnten wir doch wieder zurück auf den Spielplatz, überlegt Merle. Wehe, wenn das nur Fehlalarm war!
Als sie kurz darauf in ihre Straße einbiegen, sieht Merle es schon von Weitem: Neben dem Gartentor steht – ganz kuschelig und klein – ein unglaublich niedliches orangefarbenes

Kätzchen. Ganz allein und ohne Zuhause und es scheint nur auf sie gewartet zu haben.
Das Kätzchen reibt den Kopf am Zaun und schaut Merle aufmerksam an, während sie näher kommt.
„Wer bist du denn?“, fragt Merle. Sie geht in die Hocke und streckt langsam ihre Hand aus. „Mama, guck mal, ein kleines Kätzchen!“

Neugierig kommt das Kätzchen näher, stupst Merle mit seiner samtweichen Nase an und schnuppert an ihrer Hand. Aber Mama sieht gar nichts, vor lauter Gartentor aufhalten und Kinderwagen durchschieben. Und jetzt fängt Felix auch schon wieder an zu quengeln.

„Mama!“ Merle zieht an Mamas Jacke und zeigt auf das Kätzchen. „Können wir es mit reinnehmen und ihm etwas zu fressen geben? Es sieht so hungrig aus.“ Felix schreit jetzt noch lauter. „Bestimmt gehört es jemandem“, antwortet Mama leicht genervt und schuckelt immer kräftiger am Kinderwagen, doch Felix' Hunger wird dadurch nicht weniger. „Wir können nicht einfach ein fremdes Kätzchen mit ins Haus nehmen. Es wird schon wieder dorthin laufen, wo es hingehört. Du wirst sehen, heute Abend wird es verschwunden sein.“ Mama schiebt Felix' Kinderwagen zum Haus. „Basta, Schluss! Komm jetzt, Merle!“

Richtig viel Glück

Zum Abendbrot gibt es arme Ritter. Das ist eigentlich Merles Lieblingsspeise, aber heute kann sie sich kein bisschen darüber freuen. Sie fühlt sich genau so arm wie die armen Ritter, die in der Pfanne braten müssen.
Wieso darf sie das Kätzchen nicht behalten? Oder wenigstens mit hineinnehmen? Wo es doch so süß war und so lieb …
Aber Mama hat „Basta-Schluss“ gesagt und da braucht man erst mal gar nicht weiterzureden. Das weiß sie aus Erfahrung. Merle beobachtet Mama,

die Brötchen in Milch-Ei-Soße taucht und dann in die Pfanne legt.
Papa wickelt inzwischen Felix.
„Merle!“, ruft er aus dem Badezimmer.
„Bringst du bitte mal den Müll raus?“
„Iieh, mit der Stinkewindel drin?“, quiekt sie.

Aber dann packt sie doch die Mülltüte und trägt sie mit zugehaltener Nase und ausgestrecktem Arm nach draußen.
Es ist schon richtig dunkel und außer ihr ist niemand unterwegs. Der Weg zu den Mülltonnen liegt im Schatten der Straßenlaternen. Vorsichtig tastet Merle sich um die Hausecke.
Hoffentlich laufe ich nicht durch ein Spinnennetz, denkt sie.
Sie fröstelt bei dem Gedanken.
Jetzt nur schnell die richtige Tonne finden, Deckel auf, Tüte rein, Deckel wieder zu und zurück zum Haus.
In diesem Moment berührt sie etwas am Bein. Ganz weich und sanft. Was war das? Merle wäre beinahe über dieses Etwas gestolpert. Ihr Herz rast wie wild.

Schon streicht ihr das weiche Ding erneut um die Beine. Und dann dringt ein so süßes Geräusch an ihr Ohr – ein leises „Miauuu …"
„Du bist ja noch da!", sagt Merle mit zittriger Stimme ins Dunkle. „Du bist noch da!"
Am liebsten hätte sie das so laut gerufen, dass Mama und Papa es in der Küche hören müssen. Aber dann wäre das Kätzchen vielleicht doch davongelaufen. Merle bückt sich, während sie beruhigend auf das Kätzchen einredet.

„Du Arme, bist du ganz allein?“, fragt sie und streichelt ihm über das flauschige Fell. „Hast du niemanden, der sich um dich kümmert?“

Dann nimmt sie es ganz langsam auf den Arm und trägt es vorsichtig zum Haus.

„Jetzt können Mama und Papa dich nicht mehr wegschicken“, flüstert Merle dem Kätzchen ins Ohr. „Es ist schließlich schon fast Nacht!“

Ein Plätzchen für Pippilotta

„Ich werde sie Pippilotta nennen“, sagt Merle, „die hat auch so rote Haare.“
Mama stellt einen Teller mit klein geschnittenem Schinken auf den Küchenboden.
„Sie ist wirklich süß“, sagt sie, „und noch so klein.“
Zu dritt beobachten Merle, Mama und Papa, wie das Kätzchen in Windeseile den Teller leer putzt. Felix ist viel zu sehr mit seinem Nuckelfläschchen beschäftigt.
„Na, sie hat ja fast so viel Hunger wie unser Felix“, sagt Mama und lacht.
„Wir müssen ihr für die Nacht ein

Katzenkörbchen machen“, sagt Merle, „damit sie es gemütlich hat.“
Eigentlich wäre es ihr ja lieber, wenn Pippilotta bei ihr im Bett schlafen würde, aber Merle weiß genau, was Mama und Papa dazu sagen würden. Außerdem, wenn Merle ihnen zeigt, wie vernünftig sie schon ist, haben sie bestimmt nichts mehr gegen das Kätzchen.
„Und ein Katzenklo brauchen wir auch noch. Falls Pippilotta pinkeln muss“, sagt Merle.

Da sie sich schon lange ein Kätzchen wünscht, weiß sie einiges über Katzenpflege.

„Ja, ein kuscheliges Katzenkörbchen und ein Kistchen für heute Nacht ist eine gute Idee“, sagt Mama, „und morgen sehen wir dann weiter.“

Sie gähnt verstohlen und steht auf, um Felix ins Bett zu bringen.

Merle und Papa suchen im Keller nach zwei geeigneten Pappkartons.

„Die sind schön“, sagt Merle und zeigt

auf zwei gelb-grüne, in denen im Supermarkt einmal Erdbeer-Marmelade stand.
In den einen Karton legen sie Merles alte Baby-Kuschel-Decke hinein. Und in den zweiten kommen alte Zeitungen und etwas Sand, den Papa im Winter immer auf den Gehweg streut.
„Auf deiner Babydecke wird das Kätzchen gut schlafen“, sagt Papa und schiebt den Karton unter die Küchenbank. „Hier hat es eine gemütliche Höhle.“
Dann bringt Papa Merle ins Bett. Er erzählt, wie es war, als sie noch klein war. Davon kann sie im Moment gar nicht genug bekommen. Und Papa muss so lange erzählen, bis er an der Stelle

angelangt ist, als Merle mit einer ganzen Dose Popo-Creme den großen Badezimmer-Spiegel eingecremt hat. Oder als sie das erste Mal Mamas Lippenstifte ausprobiert hat. Oder als sie im Supermarkt verloren gegangen war und die Kassenfrau ihren Namen durch den Lautsprecher gerufen hat.
„Nun schlaf gut“, sagt Papa und knipst das Licht aus.
„Bis morgen.“

„Morgen“, murmelt Merle, „morgen kaufen wir für Pippilotta ein Katzenklo und richtiges Futter und einen echten Katzenkorb und …“
„Merle“, sagt Papa sanft und kommt noch einmal zum Bett zurück. „Morgen müssen wir im Tierheim anrufen und fragen, ob jemand das Kätzchen sucht.“
„Nein, das müssen wir nicht! Wer seine Katze verliert, ist selber schuld“, erklärt Merle. „Pippilotta gehört jetzt zu uns!“

Papa seufzt. „Aber vielleicht fehlt sie jemandem ganz schrecklich“, sagt er.
Ja, mir, denkt Merle. Mir fehlt ein Kätzchen ganz schrecklich!
„Morgen sehen wir weiter“, sagt nun auch Papa, wie vorhin Mama schon. „Träum was Schönes, mein Schatz.“
Er streicht ihr mit den Fingern über die Nase, so wie sie es gerne mag. Aber heute macht Merle das nicht froh. Aus Felix’ Zimmer hört sie Mama La-le-lu singen, und sie hört, dass Felix noch kein bisschen schlafen will. Merle kuschelt sich in ihr Kissen und zieht die Decke bis unters Kinn.
Mama und Papa werden schon noch sehen, denkt Merle, wenn sie Pippilotta zurückgeben, dann gebe ich Felix zurück.

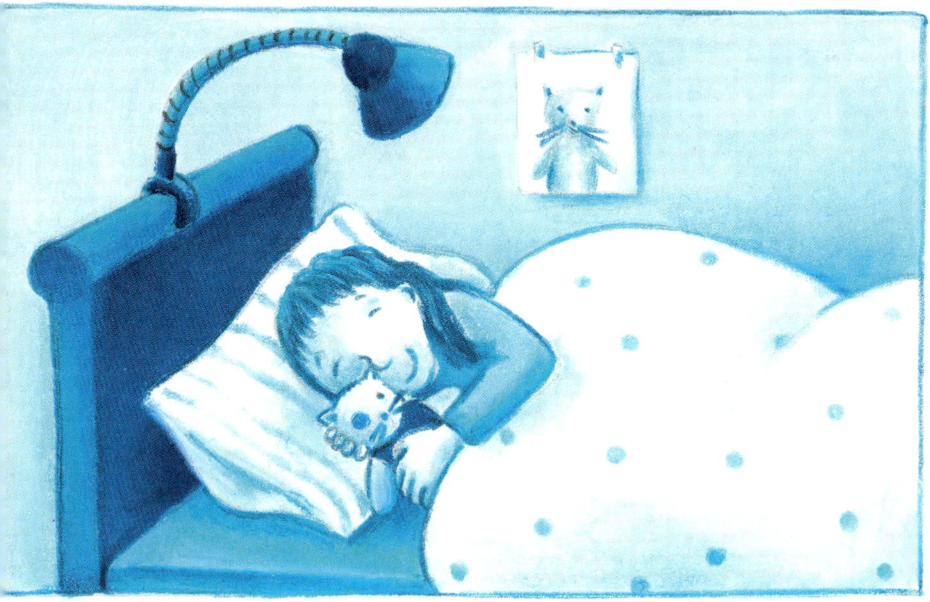

Aus der Küche dringen Geräusche, als würden kleine orangefarbene Pfoten in einer Pappkartonhöhle herumscharren und sich ein Lager richten.
Ja, denkt Merle, Pippilotta gehört jetzt zu uns.
Und als Mama ihr „Gute Nacht“ sagen will, ist sie schon eingeschlafen.

Eine gute Nachricht

Als Merle am nächsten Morgen in die Küche kommt, kniet Mama mit dem Fotoapparat auf dem Boden. Auf dem Stuhl vor ihr liegt Pippilotta und leckt sich ausgiebig das Fell. Jedes Mal, wenn das

Blitzlicht aufflackert, hebt sie nur erstaunt den Kopf. Dann putzt sie sich weiter, als wäre nichts gewesen.
„Ist sie nicht süß?“, ruft Merle und findet es ein gutes Zeichen, dass Mama Pippilotta fotografiert.
„Guten Morgen, Langschläferin“, sagt Mama. Sie hält Merle ihre Wange hin, um sich einen Kuss abzuholen.

„Ich habe im Tierheim angerufen“, erklärt Papa. Er hält Felix im Arm und versucht mit der anderen Hand, den Frühstückstisch zu decken. „Sie haben gesagt …“ Papa hält inne und setzt Felix nun doch in seinen Hochstuhl.

Merle hält den Atem an. Gleich ist alles gut oder alles zu Ende.

„Was?“, fragt Merle und versucht Felix’ Gemecker zu übertönen, der natürlich wieder auf Papas Arm zurück will. „Was haben sie gesagt?“

„Nun … bislang hat sich niemand gemeldet, der eine orangefarbene Katze sucht“, sagt Papa.

Merle kann sich einen Aufschrei nicht verkneifen. Sie hat es doch gewusst! Pippilotta wird nicht vermisst und hat auch kein Zuhause. Jetzt ist alles klar. Sie müssen Pippilotta einfach bei sich aufnehmen!

Merle beugt sich über Pippilotta und flüstert ihr ins Ohr: „Keine Angst, jetzt kümmern wir uns um dich.“

„Natürlich werden wir uns um das Kätzchen kümmern“, sagt Mama und macht ein letztes Foto. „Aber wir müssen auch weiter nach ihrem Besitzer suchen.“

„Für alle Fälle habe ich dem Tierheim unsere Telefonnummer gegeben“, sagt Papa.
Merle sieht erschrocken auf. Hat Papa nicht gehört, dass niemand Pippilotta vermisst. Wieso verrät er ihnen dann ihre Telefonnummer? Am Ende ruft vielleicht wirklich jemand an!

Nach dem Frühstück sitzt Mama am Computer und druckt Zettel aus. Einer nach dem anderen zuckelt vorne aus dem Drucker heraus. Mindestens zwanzig Stück oder noch mehr. Oben auf jeder Seite ist ein Bild von Pippilotta zu sehen und darunter steht geschrieben:

Weiter liest Merle nicht. Sie ist sauer. Nein, das stimmt nicht, sie ist todtraurig. Mama und Papa wollen Suchzettel aufhängen. Überall an jeden Zaun und an jede Laterne wollen sie diese Zettel kleben. Da werden sich doch mindestens hundert Leute melden, die so ein süßes Kätzchen haben wollen.

Mama schaltet den Computer aus und steckt die Zettel in ihre Handtasche.

Dann packt sie Felix in den Kinderwagen, der müde an seinem Schnuller nuckelt.
„Merle, wir hängen jetzt die Suchmeldungen auf. Kommst du mit?“, fragt Mama.
Merle will schon den Kopf schütteln, aber da sagt Mama noch etwas, was Merle kaum glauben kann.
„Und auf dem Rückweg kaufen wir im Supermarkt Katzenfutter“, sagt sie.

Kann es sein, dass Mama das Kätzchen heimlich auch behalten will? Aber warum hängt sie dann trotzdem die Suchzettel auf?
„Vielleicht dauert es ein paar Tage, bis sich der Besitzer meldet“, erklärt Mama, während sie den Kinderwagen aus der Tür schiebt. „Die Kleine kann ja nicht immerzu nur Schinken essen.“
Merle betrachtet Pippilotta, die sich inzwischen auf dem Küchenstuhl zusammengerollt hat und schläft. Als würde sie genau hierher gehören. Schnell schlüpft Merle in ihre Schuhe.
Futter einkaufen ist immerhin ein Anfang, denkt sie.
Dann läuft sie hinter Mama und dem Kinderwagen aus dem Haus.

Gut gemacht, Felix!

Die erste Suchmeldung klebt Mama an die Laterne neben der Bushaltestelle. Das findet Merle gar nicht gut: Dort steigen doch den ganzen Tag über viele Leute aus. Und jeder, wirklich jeder wird den Zettel sehen!
Den nächsten Zettel kleben sie an die Tür des Bäckers. Mama hat extra gefragt und der Verkäufer hat auch noch Ja gesagt. Merle reißt Klebestreifen von der Rolle und fühlt sich wie eine Verräterin. Nirgendwo wird es Pippilotta so gut haben wie bei ihr. Was ist, wenn das Kätzchen wirklich jemandem gehört?

Und was, wenn dieser Jemand einen der Zettel liest und Pippilotta wiederhaben will?

Kurze Zeit später kommen sie zum Supermarkt. Merle nimmt sich viel Zeit, um aus all den kleinen Dosen und silberfarbenen Alu-Schälchen für Pippilotta das beste Katzenfutter auszusuchen. Es gibt sogar extra Milch für Katzenbabys und ein ganzes Regalfach mit Katzen-Spielsachen und anderem Zubehör: klingelnde Bällchen, Stoffmäuse und Fellbürsten.

Als Merle den Einkauf in das Gepäckfach von Felix' Kinderwagen legt, dringt ihr ein eindeutiger Geruch in die Nase. Sie weiß sofort, woher er kommt: Felix hat jede Menge Pups-Mups in der Windel. Im nächsten Moment fängt er auch schon zu krähen an. In Windeseile wird er puterrot im Gesicht und Mama verdreht die Augen.

„Merle, tut mir leid. Wir müssen zurück“, sagt Mama seufzend. Merle nickt und versucht, nicht allzu froh auszusehen. Denn diesmal kommt ihr Felix’ Krähen gerade recht. So können sie wenigstens nicht alle Zettel aufhängen.
„Gut gemacht, kleiner Bruder!“, flüstert Merle ihm zu.
„Wir verteilen die restlichen Suchmeldungen heute Nachmittag“, sagt Mama.

Da hat Merle eine Idee. „Das kann ich doch machen. Ich hänge die Suchzettel weiter auf!“, ruft sie, als würde sie das nur für Mama machen. „Und du gehst mit Felix nach Hause.“
„Wirklich?“, fragt Mama und sieht Merle einen Moment unsicher an. „Du machst doch keinen Unfug, oder?“
„Natürlich nicht!“, antwortet Merle.
Mama läuft mit Felix los, der nun fast wie eine Sirene klingt. Merle sieht den beiden nach, bis sie hinter der nächsten Ecke verschwunden sind. Jetzt liegt alles an ihr. Sie muss zum Bäcker und zur Bushaltestelle zurücklaufen und die Suchmeldungen wieder abreißen.

Sie betrachtet die restlichen Zettel in ihrer Hand. Dann macht sie ein paar Schritte auf den Abfalleimer zu, der neben den Einkaufswagen steht. Mit beiden Händen zerknüllt sie die Blätter mit ihrer Telefonnummer und Pippilottas Bild. Das Papier macht ein hässliches Geräusch. Merle bekommt eine Gänsehaut. Und auf einmal fühlt es sich gar nicht mehr richtig an, was sie vorhat. Wenn nun wirklich jemand nach Pippilotta sucht? Oder wenn Pippilotta

so etwas wie Katzen-Heimweh hat?
Heimweh kann nämlich ganz fürchterlich sein … aber sie will Pippilotta doch unbedingt behalten!
Merle schluckt, um den dicken Kloß aus ihrem Hals zu bekommen. Dann atmet

sie tief durch, legt die Blätter auf den Boden und streicht sie wieder glatt. Sorgfältig fährt sie immer wieder mit der Handfläche darüber. So lange, bis sich kleine Steinchen durch das Papier bohren. Dann packt sie die knittrigen Blätter zusammen und flitzt gleich darauf los. Das ist die perfekte Idee. So ist alles gut. So wird alles gut. Ja, sie hängt die Suchmeldungen auf, aber trotzdem wird sich keiner bei ihnen melden.

Einen Zettel befestigt Merle hinter dem alten Zeitungskiosk. Den nächsten klebt sie an die Rückwand der Fahrradständer vor der Post. Einer kriegt einen Platz gut

versteckt unter dem
Kaugummiautomaten
und ein anderer am
Zaun hinter den
Ranken einer

Rosenhecke. Nur ein paar Buchstaben auf einem zerknitterten Suchzettel gucken zwischen den dichten Blättern hervor. Niemandem wird es auffallen.

Zehn Minuten später ist Merle zu Hause. „Alle Zettel sind aufgehängt“, sagt Merle, als sie die Küche betritt. Und sie hofft ganz fest, dass Mama nicht nachfragt, wo genau sie hängen.
„Danke, mein Schatz“, sagt Mama. „Da warst du ja richtig fleißig.“
Merle nickt stumm, aber in die Augen sehen kann sie Mama jetzt nicht. Stattdessen öffnet Merle eine der gekauften Dosen und füttert Pippilotta. Ganz lange und ohne ein einziges Wort.

Merles fast perfekter Plan

Heute ist der schrecklichste Tag in Merles Leben. Der allerschrecklichste. Ganz früh schon hat das Tierheim angerufen. Sie haben gesagt, dass sich jemand gemeldet hat, der seit ein paar Tagen ein orangefarbenes Kätzchen vermisst. Und sie haben gesagt, dass Pippilotta in Wirklichkeit anderen Leuten gehört. Jetzt warten Mama und Papa im Wohnzimmer auf diese Leute, die Pippilotta holen kommen.

Merle sitzt im Kinderzimmer auf ihrem Bett und schmollt. Pippilotta sitzt auf Merles Schoß und schnurrt. Und wenn

Merle nicht so angestrengt nachdenken würde, würden die Tränen einfach aus ihren Augen herauskullern.
„Warum kann nicht Felix den anderen Leuten gehören?“, brummt sie. „Und Pippilotta uns?“
Das Kätzchen gähnt.
Wenn die Leute Pippilotta holen kommen, überlegt Merle, lege ich einfach Felix in das Katzenkörbchen. Und zu Hause freuen sie sich dann über so einen prachtvollen Felix. Merle nickt zufrieden.
„So machen wir das“, sagt sie und drückt Pippilotta zärtlich an sich. „Und du bleibst bei mir.“
Das Kätzchen schnurrt.
„Wir können ihnen noch einen Zettel mit in den Korb hineinlegen“, sagt Merle.

„Sonst wissen sie ja nicht, dass unser Felix ‚Felix' heißt."

Merle lauscht in den Flur, dort ist alles still. Sie spürt das weiche Katzenfell an ihrer Wange. Ganz warm ist es.

Sie werden mit Felix spielen und ihn lieb haben, und wenn er Hunger hat, werden sie ihn füttern … Merle setzt sich erschrocken auf. Und wenn sie nicht wissen, dass er bis jetzt nur Milch trinkt?

Pippilotta hört auf zu schnurren.

Dann werden sie ihm stattdessen klein geschnittenen Schinken in einem Schälchen geben. Er wird Bauchweh kriegen und muss schreien. Er hat ja noch nicht einmal Zähne zum Kauen. Mama und Papa mussten damals extra einen Babykurs machen, als Felix zu ihnen unterwegs war.
Merle setzt das Kätzchen auf die Bettdecke und läuft aufgeregt umher. Und vielleicht werden sie ihn auch nicht wickeln und setzen ihn aufs Katzenklo! Blödsinn, denkt Merle, ich bin schon ganz verrückt. Kein Mensch setzt ein Baby auf ein Katzenklo. Aber trotzdem sind sie sicher nicht so nett zu ihm, wie Mama, Papa und Merle.
Da klingelt es an der Tür.

Merle hört fremde Stimmen im Flur. Sie öffnet ihre Zimmertür einen Spalt und schiebt ihren Kopf hindurch. Im Flur steht ein Mädchen mit seiner Mutter.

„Wir sind gekommen, um Felix zu holen“, sagt die Frau und streicht dem Mädchen über den Kopf.

„Nein!“, schreit Merle und platzt aus ihrem Zimmer heraus. „Den kriegt ihr nicht, auf keinen Fall!“ Hilfesuchend guckt sie zu Mama und Papa. „Er gehört zu uns!“

„Aber Merle, Schatz“, sagt Mama, „Sieh nur, wie traurig das Mädchen ist.“

Merle starrt Mama an. Ist Mama jetzt auf der Seite dieser Leute? Will sie ihnen Felix tatsächlich mitgeben?

Merle reißt an
Papas Hand.
„Papa, er ist doch
so brav!“, ruft sie,
aber der sagt nur:
„Ach, Schatz …“,
und will seinen
Arm um Merle
legen, obwohl
sie doch jetzt
Felix beschützen
muss.
Die Frau bückt
sich zu Merle
hinunter.

„Vielen Dank, dass du so lange auf Felix aufgepasst hast und dich um ihn gekümmert hast“, sagt sie.

Unauffällig sieht Merle sich nach Felix um. Er schläft wohl gerade in seinem Bettchen. Hoffentlich fängt er nicht ausgerechnet jetzt an zu schreien. Dann wissen sie gleich, wo sie ihn finden.
Aber vielleicht wäre es gar nicht schlecht, wenn er gerade jetzt schreien würde. Dann überlegen es sich die Leute noch anders. Wer will schon so einen Schreihals zu Hause haben? Ich, denkt Merle und schluckt.
„Wir sind erst vor zwei Wochen hierher gezogen und wohnen nur ein paar Straßen weiter", sagt die Frau. „Komm doch mal mit deiner Mama zu Besuch und dann kannst du mit Lisbeth und Felix spielen."
Lisbeth lächelt und nickt, als wäre es die

schönste und wunderbarste Idee überhaupt.
Ich will hier mit Felix spielen! Hier bei uns!, denkt Merle.
Böse guckt sie die Frau und das Lisbeth-Mädchen an. Hier bei uns und nicht ein paar Straßen weiter! Schließlich ist er mein Bruder.
„Felix!“, jubelt das Mädchen in diesem Moment. „Da ist ja unser Felix!“
Merle blickt sich hastig um, sieht aber nur Pippilotta. Das Kätzchen hat die Kinderzimmertür aufgestoßen und läuft durch den Flur direkt auf das Mädchen zu.

„Felix", ruft Lisbeth noch mal. „Felix ..."
Merle sieht, wie sie das Kätzchen freudestrahlend auf den Arm nimmt und streichelt. Merle versteht nun gar nichts mehr.

„Das ist Felix?“, stammelt sie.
„Ja“, sagt Lisbeth glücklich und drückt das Kätzchen an sich. „Ich hab ihn zum Umzug bekommen, weil ich hier niemanden kenne.“ Sie sieht Merle zwinkernd an. „Aber jetzt kenne ich ja dich.“

„Und Pippilotta war die ganze Zeit Felix?", stammelt Merle und schüttelt ungläubig den Kopf. Doch dann muss sie grinsen. „... und er war schon die ganze Zeit ein Junge und kein Mädchen."

Nachdem Lisbeth, Lisbeths Mutter und Pippilotta – nein, Felix natürlich – gegangen sind, sitzt Merle mit Mama und Papa und ihrem Felix in der Küche. Sie spielen Uno. Merle hat die ganze Hand voller Karten, weil sie am Schluss immer wieder vergisst, „Uno" zu rufen. Was nur daran liegt, dass ihre Gedanken ganz woanders sind. Immer wieder muss sie zu Felix rüberschauen.
Der liebe, kleine Schatz, denkt Merle

grinsend. Er weiß überhaupt nicht, dass ich ihn eben fast gerettet hätte.
Felix sitzt satt und zufrieden auf Mamas Schoß und genau in diesem Moment macht er ein Bäuerchen. So, als wollte er sagen: „Hab ich ein Glück, dass ich eine so große und mutige Schwester habe“, oder zumindest so etwas Ähnliches.Und diesmal ist es Merle, die ihn am lautesten dafür lobt.

Rätsel

In diesem Buchstabensalat sind zehn Begriffe versteckt, die mit der Geschichte zu tun haben. Kreise sie ein!

K	F	J	M	U	A	E	Q	V	Y	R
M	E	R	L	E	S	T	P	Q	W	W
L	L	T	H	G	B	E	K	F	I	B
K	I	N	D	E	R	W	A	G	E	N
I	X	D	W	S	U	K	T	A	D	D
L	V	P	K	T	D	D	Z	S	A	E
R	B	W	S	L	E	K	E	C	K	U
Q	S	U	P	E	R	M	A	R	K	T
Y	C	N	I	X	C	G	I	U	X	S
F	H	Z	E	H	N	P	C	P	D	T
J	I	D	L	T	B	X	L	W	Q	P
R	N	K	P	E	E	A	W	I	L	B
L	K	N	L	K	T	Y	U	N	Z	V
S	E	Z	A	L	F	F	I	D	H	U
A	N	D	T	O	X	W	M	E	D	Y
I	G	J	Z	E	T	T	E	L	W	H

?!

Was ist Merles größter Wunsch?

Verbinde die Punkte,
dann weißt du es!

1. Warum haben Merles Eltern nicht mehr so viel Zeit für ihre Tochter?
2. Wie nennt Merle das zugelaufene Kätzchen?
3. Warum wählt Merle diesen Namen?
4. Wie heißt das Kind, das auf der Suche nach ihrem Katerchen ist?

1.

2.

3.

4.

Vergleiche die beiden Bilder und finde die Veränderungen auf dem Bild auf der rechten Seite.

Du kannst die sechs Fehler mit deinem Stift hier markieren.

Das Katerchen Felix hat sich nach dem Umzug in der neuen Umgebung verirrt. Zeige Felix den Weg nach Hause zu Lisbeth.

?!

Ein kleines Katzenquiz

Merle kennt sich mit Katzen gut aus. Du auch? Kannst du die Quizfragen beantworten? Nimm deinen Stift und verbinde die Zahlen auf der rechten Seite mit den dazugehörigen Buchstaben.

1. Seit wie vielen Jahren leben Katzen schon als Haustier mit den Menschen zusammen?

   A 1000 B 9500 C 3200

2. Wie lange sind Katzenbabys im Bauch der Mutter, bevor sie geboren werden?

   A 90 Tage B 65 Tage C 30 Tage

3. Wie viele Zähne hat eine ausgewachsene Katze?

   A 26 Zähne B 32 Zähne C 30 Zähne

4. Wie weit entfernt sich eine Katze von ihrem Zuhause?

A bis zu 15 Kilometer

B bis zu 100 Kilometer

C bis zu 5 Kilometer

5. Was bedeutet es, wenn die Katze mit ihrem Schwanz hin und her peitscht?

A Sie hat Hunger.

B Sie freut sich.

C Sie ist sauer und aggresiv.

1	2	3	4	5
	A	B	C	

Lösungen

Seite 63

K	F	J	M	U	A	E	Q	V	Y	R
M	E	R	L	E	S	T	P	Q	W	W
L	L	T	H	G	B	E	K	F	I	B
K	I	N	D	E	R	W	A	G	E	N
I	X	D	W	S	U	K	T	A	D	D
L	V	P	K	T	D	D	Z	S	A	E
R	B	W	S	L	E	K	E	C	K	U
Q	S	U	P	E	R	M	A	R	K	T
Y	C	N	I	X	C	G	I	U	X	S
F	H	Z	E	H	N	P	C	P	D	T
J	I	D	L	T	B	X	L	W	Q	P
R	N	K	P	E	E	A	W	I	L	B
L	K	N	L	K	T	Y	U	N	Z	V
S	E	Z	A	L	F	F	I	D	H	U
A	N	D	T	O	X	W	M	E	D	Y
I	G	J	Z	E	T	T	E	L	W	H

Seite 64

1. Merles Eltern müssen sich jetzt auch um das Baby kümmern.
2. Merle nennt das Kätzchen Pippilotta.
3. Das Kätzchen erinnert Merle an. Pippi Langstrumpf, weil es ein rotes Fell hat und Pippi hat rote Haare.
4. Das Mädchen heißt Lisbeth.

Seite 65

Seite 67

Seite 69

Seite 71

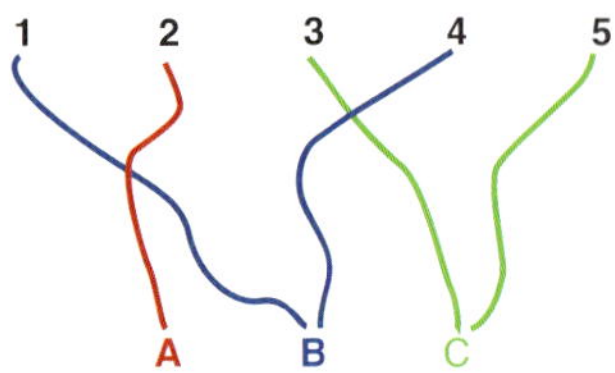

Ich kann sch